Björn Robinson • Friederike Sturm

KOPFSPiELE

Alte und neue Spiel-Ideen zum Gehirntraining

Vless Verlag

Deutsche Bibliothek - CIP-Einheitsaufnahme

Robinson, Björn: KOPFSPiELE: Alte und neue Spiel-Ideen zum Gehirntraining / Björn Robinson; Friederike Sturm
Ebersberg: Vless Verlag, 2000
ISBN 3-88562089-8

ISBN 3-88562-089-8
Druck: KS Computersatz und Druck GmbH, Ebersberg

KOPFSPiELE - wozu?

Immer mehr Menschen klagen über zunehmende Vergesslichkeit! Und das oft schon in jungen Jahren. Das muss nicht sein. Mit konsequentem Training können wir unser Gedächtnis in Schwung halten. Unser Gehirn verhält sich nämlich genauso, wie unsere Muskeln. Wenn wir es nicht regelmäßig trainieren, macht es tatsächlich schlapp.
Deshalb sollte man -egal wie alt man ist oder sich fühlt- stets folgendes beachten:

- viel Bewegung
- öfter essen (kleine Zwischenmahlzeiten)
- viel trinken (mindestens 2 Liter am Tag)
- und ... **tägliches Gehirntraining!!**

Schon 5 bis 10 Minuten genügen. Man wärmt damit den "mentalen Motor" auf und bringt ihn in Schwung. Der beste Zeitpunkt dafür ist der Morgen. Da ist man entspannt und ausgeruht. Wer den Tag regelmäßig mit Gehirntraining beginnt, wird die täglichen Anforderungen besser organisieren und leichter bewältigen.
Wir wissen aber auch, dass nach einer aktiven Phase die geistigen Leistungen langsam nachlassen. Dann sollten wir unbedingt mal eine Pause einlegen. Wir brauchen Zeit, in der wir uns regenerieren. Nur so können wir uns wieder optimal für neue Taten aktiv und fit machen.

Spiele bieten nun geradezu eine ideale Möglichkeit, sich geistig zu fordern, ohne dass man sich dabei gleich überfordert. Genau vor diesem Hintergrund haben wir die KOPFSPiELE zusammengetragen und aufbereitet. So ist eine abwechslungsreiche und vielfältige Mischung alter und neuer Spiel-Ideen entstanden.

Spielen macht Spaß. Und Spielen ist gut für den Kopf, genauer gesagt für das Gehirn. Es trainiert das Gehirn. Sicherlich gilt das nicht für alle Spiele gleichermaßen. Manche Spiele scheinen aber geradezu wie eigens zum Gehirntraining geschaffen. Auf der Basis neuester Forschungserkenntnisse könnte man das Training kaum wirkungsvoller gestalten.

Althergebrachte Spiele mit modernstem Trainingseffekt. Ein scheinbarer Widerspruch, der noch dadurch verstärkt wird, dass uns diese Spiele schon aus Kindertagen vertraut sind und oft so einfach erscheinen. Tatsächlich aber entsprechen manche von ihnen genau den Anforderungen, die die moderne Forschung an wirksame Trainingsmethoden für Geist und Gedächtnis stellt.

Die Auswahl der in diesem Buch vorgestellten Spiele erfolgte in Hinblick auf eine möglichst hohe Trainingswirkung. Das bedeutet aber keinesfalls, dass diese Spiele nicht auch Spaß machen. Spaß und Gehirntraining schließen sich nicht aus. Im Gegenteil: Spaß erhöht noch die positive Wirkung. Wenn Langeweile aufkommt, ist das ein Anzeichen dafür, dass unser Gehirn zu wenig zu tun hat. Beim Spielen passiert das nicht.

Wichtig bei der Zusammenstellung war uns, dass dazu nur wenig oder gar kein Material benötigt wird, damit man jederzeit und überall sofort mit dem spielerischen Üben beginnen kann.
Die Sammlung enthält Spiele, die

- alleine,
- mit Partner oder
- in der Gruppe

gespielt werden können.

Besonderes Augenmerk möchten wir den Variationsmöglichkeiten schenken. Kleine Veränderungen der Spielregeln bringen oft ganz neue und interessante Vorgehensweisen und Aufgaben. Dabei müssen Sie sich nicht auf die jeweils angebotenen Varianten beschränken. Probieren Sie auch mal eigene Ideen aus. Damit Sie Ihre guten Ideen gleich notieren können, ist zu jedem Spiel auf der linken Seite Platz für eigene Varianten vorgesehen. Falls Ihnen noch neue Kopf-Spiele einfallen, finden Sie am Ende des Buches Leerseiten für eigene Notizen.
Für alle, die individuell oder in Gruppen nach eigenen oder vorgegebenen Programmen Gehirntraining betreiben, ist diese Sammlung eine sinnvolle und amüsante Ergänzung. Sie bietet eine Fülle von Anregungen zum spielerischen und unterhaltsamen Gehirntraining für sich alleine, zu zweit, in der Gruppe oder in GehirnJogging-Kursen.

Wir wünschen viel Spaß und Freude beim Spielen.

Übersicht der Spiele

Eigene Varianten .....

Die Speisekarte

Der Spielleiter wirft einem Mitspieler einen kleinen Ball zu und stellt dabei die Frage:

*"Was essen wir am **M**ontag (**D**ienstag) .....usw".*

Der Fänger muss daraufhin eine Speise nennen, die mit dem Anfangsbuchstaben des genannten Wochentages beginnt, also mit einem **M** bzw. einem **D**. Es dürfen nur wirklich essbare Speisen genannt werden.

*....am **M**ontag? Antwort: ➡ **M**armeladenbrot*
*....am **D**ienstag? Antwort: ➡ **D**örrpflaumen*

- **Variante 1:** Zur Speise muss zusätzlich eine Eigenschaft genannt werden.

  *....am **F**reitag? Antwort: ➡ **frischen Fisch***

- **Variante 2:** Unsinnige Phantasiegerichte sind gefragt!

  ...am **S**onntag?
  *Antwort: ➡ **s**üß**s**aure **S**ahne**s**ocken*

- **Variante 3:** Man darf nur Getränke nennen.

- **Variante 4:** Es können Tage z. B. **W**eihnachten, **Pf**ingsten), Namenstage oder Monate genommen werden. Ihrer Phantasie sind hier keine Grenzen gesetzt!

Eigene Varianten .....

Eigenartige Beschäftigungen

Zu jedem Buchstaben des Alphabets soll eine sinnvolle oder eine unsinnige Beschäftigung genannt werden. Hauptwort und Tätigkeitswort müssen mit dem jeweiligen Buchstaben beginnen.

◆ **Variante 1:** Es dürfen nur sinnvolle Beschäftigungen genannt werden.

A*utos* ***a****nschieben*
B*riefe* ***b****eschweren*
C*hinesen* ***c****harakterisieren*

◆ **Variante 2:** Nur unsinnige Beschäftigungen gelten!!

D*inosaurier* ***d****rehen*
E*sel* ***e****inrichten*
F*ahrräder* ***f****ormulieren*

Tipp:

Wenn mehr Personen spielen möchten, brauchen Sie dazu einen kleinen Ball, ein zusammengeknotetes Taschentuch oder irgendeinen Gegenstand, den man sich gegenseitig zuwerfen kann.
Gehen Sie dann möglichst nicht in der Reihenfolge der Sitzordnung vor, sondern werfen Sie den Ball kreuz und quer, damit sich auch jeder Mitspieler zu jedem Buchstaben etwas ausdenken muss.

Eigene Varianten .....

Wer bin ich

Jeder Mitspieler bekommt einen Zettel mit dem Namen einer bekannten Person auf den Rücken geheftet. Durch Fragen an die anderen Mitspieler muss man herausfinden, wer man ist. Die Fragen dürfen allerdings immer nur mit

ja oder *nein*

beantwortet werden.

Nach drei Fragen sollte immer ein neuer Mitspieler befragt werden.

Beispiel: Man hat einen Zettel mit dem Namen auf dem Rücken ➡ ROMEO

1. Frage: *Bin ich ein Politiker?*

Antwort eines Mitspielers: ➡ *Nein.*

2. Frage: *Bin ich eine Frau?*

Antwort eines Mitspielers: ➡ *Nein.*

usw........

Eigene Varianten .....

Tierreihe

Beginnen Sie zunächst mit einem beliebigen Tiernamen. Der letzte Buchstabe des genannten Tieres ist dann der Anfangsbuchstabe für einen neuen Tiernamen. Sie können die Reihe nach Belieben fortsetzen.

➡ *Löw**e**, **E**lefan**t**, **T**ige**r**...*

◆ **Variante 1:** Versuchen Sie es mal mit Blumen.

◆ **Variante 2:** Hier sind Küchengeräte gefragt!

◆ **Variante 3:** Wie wäre es mit Textilien?

◆ **Variante 4:** Oder mit Vornamen!

Sie können sich selber noch beliebig viele Varianten ausdenken. Was Ihnen gerade so dazu einfällt.

Eigene Varianten .....

Kofferpacken

Jeder Spieler darf der Reihe nach ein Kleidungsstück oder einen Gegenstand in einen gedachten Koffer legen. Der nächste Spieler muss die vorhergenannten Gegenstände wiederholen, bevor er seinen Gegenstand hinzufügt.

1. Spieler: *Ich packe in den Koffer*
   ➡ *eine **Hose***

2. Spieler: *Ich packe in den Koffer*
   ➡ *eine **Hose,** ein **Hemd***

3. Spieler: *Ich packe in den Koffer*
   ➡ *eine **Hose,** ein **Hemd,** einen **Hut***

- **Variante 1:** Es dürfen nur Haushaltsgeräte in den Koffer gepackt werden.
- **Variante 2:** Möbelpacker sind am Werk!
- **Variante 3:** Nennen Sie nur Sportartikel.

usw. ....

Eigene Varianten .....

Personenraten

Der Spielleiter denkt sich eine Person aus (z.B. Albert Einstein). Der Frager nennt nun eine Person, an die er denkt, von der er aber nur den ersten Buchstaben preisgibt.

z.B. *„Ist es ein Politiker mit **A**"?*

Weiß nun der Spielleiter keinen Politiker mit dem Anfangsbuchstaben A, muss er den ersten Buchstaben seines Wortes verraten.
Weiß er aber einen Politiker mit dem Anfangsbuchstaben **A**, kann er z.B. sagen:

*„Nein, es ist nicht **A**denauer".*

Dann braucht er den ersten Buchstaben noch nicht zu nennen.

Das Spiel wird solange fortgesetzt, bis die gesuchte Person erraten wurde oder die Buchstaben der Reihe nach von dem Spielleiter preisgegeben werden mussten.

Eigene Varianten .....

Sprichwörter verdreht

Der Spielleiter (oder ein Spieler) nennt ein Sprichwort, das aus zwei Sprichwörtern zusammengesetzt wird und das es in dieser Form nicht gibt. Beispielsweise:

„Wer anderen eine Grube gräbt • schallt selbst heraus“.

Die anderen Mitspieler müssen nun die beiden richtigen Sprichwörter erraten.

1. ➡ Wer anderen eine Grube gräbt, fällt selbst hinein.

2. ➡ Wie man in den Wald hineinruft, so schallts heraus.

Eigene Varianten .....

Unerwarteter Besuch

Wir stellen uns vor, es kommt unerwarteter Besuch. Die Gäste bringen als Geschenk nur Dinge mit, die mit einem bestimmten Buchstaben anfangen, zum Beispiel mit einem

L

Wer anfängt, erhält einen Softball (oder ein geknotetes Tuch), sagt ein Wort, das mit L beginnt und wirft dabei schnell das Tuch oder den Ball einem Mitspieler zu, der dann an der Reihe ist usw.

LEITER

LAUS

LAUB

LINEAL ...

- **Variante 1:** Nennen Sie nur Gegenstände, die mit einem vorgegebenen Buchstaben enden müssen!

- **Variante 2:** Der Anfangsbuchstabe ist vorgegeben. Die genannten Gegenstände müssen aber von rückwärts buchstabiert werden!

Eigene Varianten .....

Zwillinge finden

Versuchen Sie, Wörter zu finden, bei denen der Anfangs- und der Endbuchstabe gleich sind.

GONG

HAUCH

ELBE

TROST

ooo

Tipp:

Wenn mehrere Personen mitspielen, lassen sich auch zwei oder mehr Gruppen bilden. Man kann dann um die Wette Wörter suchen. Es ist sinnvoll, ein Zeitlimit zu setzen oder die Gruppen spielen unmittelbar gegeneinander. Dann muss jede Gruppe abwechselnd ein Wort nennen. Wer keines weiß, bekommt einen Minuspunkt!

Eigene Varianten .....

Gedanken raten

Ein Mitspieler erhält einen Softball oder ein geknotetes Tuch. Er denkt sich eine Pflanze aus und wirft einem Mitspieler den Ball zu. Dabei verrät er nur den Anfangsbuchstaben seines Wortes:

„Eine Pflanze mit F“

Wer den Ball bzw. das Tuch zugeworfen bekommt, muss schnell mit einem entsprechenden Wort reagieren.

➡ *FICHTE*

- **Variante 1:** Man darf nur Tiernamen verwenden.
- **Variante 2:** Nur Gegenstände sind gefragt.
- **Variante 3:** Städtenamen sind zu erraten.

Eigene Varianten .....

Verwandte finden

Ein Mitspieler der Spielrunde beginnt mit einem beliebigen Hauptwort (Substantiv). Der zweite Spieler muss nun einen Begriff nennen, der irgendwie zu diesem Wort passt. Der nächste Spieler findet einen Begriff, der wiederum zum letztgenannten Wort passt.

Wiese

↓

Fluss

↓

Fisch

↓

Angel

↓

Boot

↓

Wasser ....

So macht das Spiel dann die Runde. Wie lange es Spaß macht, kommt ganz auf die Phantasie und die Kreativität der Mitspieler an.

Eigene Varianten .....

Buchstabentausch

Ein Wort wird vorgegeben. Ein Mitspieler darf nur einen Buchstaben verändern, um daraus ein neues Wort entstehen zu lassen.

Haus

***M**aus*

*Mau**l***

...

Wenn

*We**i**n*

*Wei**b***

...

Sie können dieses Spiel auch alleine für sich spielen, solange Sie Lust und Laune dazu haben!

Eigene Varianten .....

Der lustige Satz

Die Spieler einigen sich auf einen Buchstaben, z.B. das A. Der erste Mitspieler beginnt mit einem Wort, das mit A beginnt. Die anderen Spieler müssen jeweils der Reihe nach ein Wort hinzufügen, das mit dem gleichen Anfangsbuchstaben beginnt. So entsteht ein lustiger Satz. Dabei müssen immer alle bereits genannten Wörter wiederholt werden.

1. Spieler: ***Am***

2. Spieler: *Am* ***Anfang***

3. Spieler: *Am Anfang* ***angekommen***

4. Spieler: *Am Anfang angekommen* ***angelte***

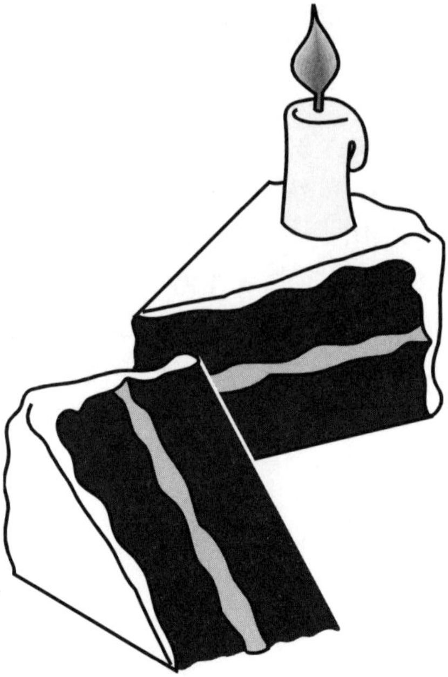

Eigene Varianten .....

Einseitige Speisekarte

Hier sollen Nahrungsmittel genannt werden, die nur mit einem bestimmten Buchstaben anfangen dürfen. Beispielsweise mit dem Anfangsbuchstaben

T

***T**orte*

***T**ee*

***T**ruthahnleber*

***T**rauben .....*

- **Variante 1:** Gesucht werden Kleidungsstücke.
- **Variante 2:** Werkzeuge sind gefragt.
- **Variante 3:** Nur Spielsachen sind erlaubt.

Sicher fallen Ihnen auch noch andere Varianten dazu ein.

Eigene Varianten .....

Zahlen verdoppeln

Setzen Sie die Zahlenreihe fort, wobei die nächste Zahl doppelt so groß sein muss wie die vorhergehende.

1 → 2

2 → 4

4 → 8

8 → 16

...

◆ **Variante:** Beginnen Sie die Reihe mit einer ungeraden Zahl.

Eigene Varianten .....

Fleißige Leute

Nun soll man zu jedem Buchstaben des Alphabets eine sinnvolle Tätigkeit benennen. Sie brauchen dazu Kreativität und Phantasie.

a_ufkehren_

b_remsen_

c_hemisch reinigen_

......

- **Variante 1:** Man verwendet das Alphabet von rückwärts und beginnt mit dem Z.
- **Variante 2:** Jetzt sind nur unsinnige Beschäftigungen erlaubt!
- **Variante 3:** Man muss zur Tätigkeit auch noch ein Hauptwort nennen, z.B. **A**ale **a**ngeln, **B**esen **b**inden, usw......

Tipp:

Wenn mehr Personen spielen möchten, verwenden Sie einen kleinen Ball, ein zusammengeknotetes Taschentuch oder irgendetwas, das man sich gegenseitig zuwerfen kann. Gehen Sie dann möglichst nicht in der Reihenfolge der Sitzordnung vor. Werfen Sie den Ball kreuz und quer, damit sich jeder Mitspieler zu jedem Buchstaben auch immer ein Wort ausdenken muss.

Eigene Varianten .....

Wortgeschichten

Die Mitspieler versuchen, aus den Buchstaben eines Wortes möglichst viele neue Wörter zu bilden.

E R L A N G E N

➡ ***Lang - er - Regen - Angeln***

Mit den gefundenen Wörtern werden dann lustige Sätze gebildet.

Schon lang ist es her,
dass er im Regen an der See
nach Angeln suchte.

Man kann dieses Spiel auch sehr gut alleine spielen!

Eigene Varianten .....

Tier-Alphabet

In der Spielrunde soll mit jedem Buchstaben des Alphabets ein Tier genannt werden. Wer kein Tier weiß, gibt weiter mit dem Wort *GeJo.*

***A**ffe*

***B**är*

***C**hamäleon*

...

- **Variante1:** Nur Pflanzennamen werden genannt.
- **Variante 2:** Es gelten nur Haushaltsgeräte.
- **Variante 3:** Nun sind Vornamen gefragt.
- **Varianten** ....

Hierzu bieten sich wieder eine ganze Reihe von Varianten an. Mit ein bisschen Phantasie finden Sie noch viele andere Abwandlungen dazu!

Eigene Varianten .....

Versteckte Artikel

In diesem Spiel sind nur Wörter zugelassen, die mit einem der drei folgenden Artikel beginnen:

DER - DIE - DAS

Die*ner*

Die*b*

Der*wisch*

das*itzen*

◆ **Variante 1:** Der Artikel soll nicht am Anfang des neu gebildeten Wortes stehen, sondern mittendrin z.B.:

*ver****die****nen*
*ver****der****ben*
*Adi****das***

Eigene Varianten .....

Sätze verlängern

Vorgegeben wird ein kurzer Satz, zum Beispiel:

Der Adler fliegt.

Die Mitspieler müssen nun der Reihe nach ein beliebiges Wort (aber keine Nebensätze) hinzufügen. Dadurch wird der Satz immer länger.

1. Spieler: *Der Adler fliegt.*

2. Spieler: *Der Adler fliegt **hoch**.*

3. Spieler: *Der **große** Adler fliegt hoch.*

4. Spieler: *Der große Adler fliegt hoch **hinaus**.*

Eigene Varianten .....

Tätigkeiten

Ein Mitspieler wirft einem anderen Mitspieler einen Softball (oder ein geknotetes Tuch) zu und nennt dabei einen Beruf, z.B:

A R Z T

Wer den Ball fängt, muss möglichst rasch drei Tätigkeiten nennen, die zu diesem Berufsbild passen. In unserem Beispiel wäre das:

operieren

abhorchen

zuhören

◆ **Variante:** Man muss die genannten Tätigkeiten mit typischen pantomimischen Gesten darstellen.

Eigene Varianten .....

Gegensatzpaare

Ein Spieler nennt ein Wort, zu dem ein Gegensatzwort gebildet werden kann. Er wirft dabei einem Mitspieler einen Softball (geknotetes Tuch) zu. Der Fänger nennt zunächst das gegensätzliche Wort. Dann wirft er den Ball weiter und gibt dabei ein neues Wort vor.

dick ➜ *dünn*

lang ➜ *kurz*

groß ➜ *klein*

◆ **Variante:** Sehr kompliziert wird dieses Spiel jedoch, wenn man die Wörter von rückwärts buchstabieren muss!

Eigene Varianten .....

Partnersuche

Gesucht werden sollen bekannte Paare oder Gruppen, die zusammengehören. Ein Spieler gibt die erste Person vor. Der oder die Mitspieler müssen dann den passenden Partner nennen.

Ali Baba → *40 Räuber*

Romeo → *Julia*

Rotkäppchen → *Wolf*

◆ **Variante:** Man muss die Namen verkehrt herum sagen, das heißt von rückwärts buchstabieren! Dadurch wird das Spiel für alle Beteiligten noch viel anspruchvoller!

Eigene Varianten .....

Silbenwandel

Ein Wort wird vorgegeben. Beispielsweise

L A U F

Durch neue Vorsilben soll nun dieses Stammwort möglichst häufig verändert werden.

AUS ➡ *LAUF*

EIN ➡ *LAUF*

VOR ➡ *LAUF*

AB ➡ *LAUF*

....

Eigene Varianten .....

Zahlenreihe

Nun sollen Sie die folgende Zahlenreihe fortsetzen.

1 • 1 • 2 • 3 • 5 • 8 • 13 • ....

Die ersten beiden Zahlen der Reihe sind eine 1. Jede folgende Zahl ist exakt die Summe der beiden vorhergehenden Zahlen.

Also

*1+1=**2*** ➡

*1+2=**3*** ➡

*2+3=**5*** ➡

*3+5=**8*** ➡

....

Sie können die Reihe solange fortsetzen, bis es Ihnen ohne Taschenrechner nicht mehr möglich ist!

Eigene Varianten .....

Einkaufskorb

Jeder Mitspieler muss etwas in einen gedachten Korb packen. Er darf allerdings nicht aussprechen, was er hineinpackt, sondern soll versuchen, diesen Gegenstand pantomimisch darzustellen.
Ein Spieler fängt also damit an, etwas pantomimisch in den Korb zu legen. Der zweite Spieler muss diese Gesten zunächst genau wiederholen und dann noch ein neues Stück dazupacken. Der nächste wiederholt die pantomimischen Bewegungen der ersten beiden Mitspieler und hängt dann einen neuen Gegenstand dran. Das Spiel wird solange fortgesetzt, bis kein Mitspieler mehr in der Lage ist, die Reihe zu wiederholen.

Dies ist eine sehr unterhaltsame und kurzweilige Variante des Spiels „Kofferpacken“ auf Seite 17.
Allerdings wird man hierbei noch viel mehr gefordert. Man muss sich nicht nur die lange Kette von Gegenständen merken, sondern obendrein auch noch die entsprechenden Gesten in der Zeichensprache im Kopf haben.

Eigene Varianten .....

Wortschlange

Ein Mitspieler sagt ein aus zwei Wörten zusammengesetztes Hauptwort (z.B. HAUS+TÜR).Der nächste Mitspieler muss nun ein neues Wort bilden. Das zweite Wort des Vorgängers (TÜR) ist der Wortanfang für das neue Wort.

HAUS • TÜR

↓

TÜR • SCHLOSS

↓

SCHLOSS • GARTEN

↓

GARTEN • ....

Eigene Varianten .....

Antworten nach dem A • B• C

Ein Mitspieler stellt eine Frage, wie zum Beispiel:

Ist das Kleid hübsch?

Jeder Mitspieler soll nun darauf antworten. Die Antworten müssen aber immer der Reihe nach mit dem nächsten Buchstaben des Alphabets anfangen.

1. Spieler: ***a*** ➡ *nziehend*

2. Spieler: ***b*** ➡ *rauchbar*

3. Spieler: ***c*** ➡ *ool*

◆ **Varianten** ..... gibt es dazu, soviele Sie nur wollen!

Eigene Varianten .....

Wiederverwertung

Stellen Sie sich eine leere Gemüsedose vor.

Gemüsedose

Nun sind Vorschläge zu machen, wozu man eine solche Dose noch verwenden könnte. Der Kreativität sind keine Grenzen gesetzt. Je ausgefallener und phantasievoller die Vorschläge umso fröhlicher wird dann die Stimmung!

- **Variante 1:** Was passiert mit der alten Blumenvase?
- **Variante 2:** Wozu könnte das leere Gurkenglas noch Verwendung finden?
- **Variante 3:** Und der Spartopf?
- **Varianten** ...... gibt es dazu sicherlich soviele, wie Mülltonnen in Ihrer Stadt.

Eigene Varianten .....

Sätze bilden

Das erste und das letzte Wort eines Satzes sind vorgegeben.

Autos .... Panne.

Versuchen Sie, diese Wörter sinnvoll zu verbinden und einen Satz daraus zu machen, z. B.:

Autos** haben manchmal eine **Panne.

oder

Kinder .... Straße.

⬇

Kinder** spielen auf der **Straße.

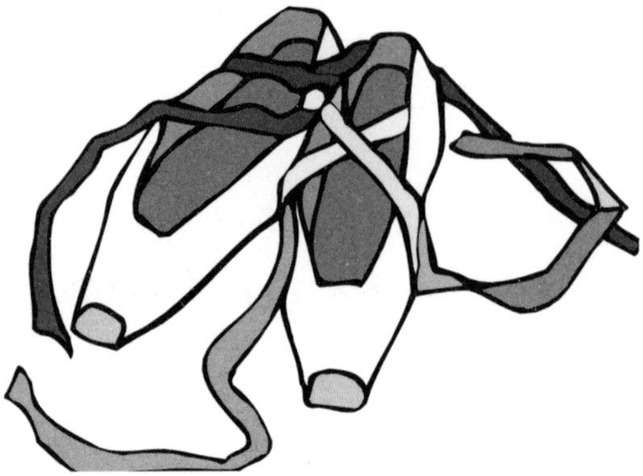

Eigene Varianten .....

Singles nicht gefragt

Gesucht werden Dinge, die nur paarweise vorkommen.

Zwillinge

Schuhe

Socken

usw.

Eigene Varianten .....

Gefüllte Kalbsbrust

Schreiben Sie die Buchstaben eines Wortes auf ein Stück Papier. Auf der linken Seite soll das Wort von oben nach unten zu lesen sein und auf der rechten Seite von unten nach oben. Zwischen den beiden Wörtern genügend Platz lassen. Füllen Sie dann die Lücken mit neuen Wörtern, deren Anfangs- und Endbuchstaben ja bereits feststehen.

G	....	**D**
E	....	**L**
L	....	**E**
D	....	**G**

G	*old*	***D***
E	*se*	***L***
L	*ieb*	***E***
D	*rang*	***G***

- **Variante 1:** Sie können die Aufgabe erschweren, wenn Sie für die „Füllung“ nur Wörter gelten lassen, die zu einem vorgegeben Thema passen müssen, wie z.B.

  Namen
  Urlaub
  Weihnachten
  usw.

- **Variante 2:** Denken Sie sich mit den neu gebildeten Wörtern noch eine lustige Geschichte aus!

Eigene Varianten .....

Wörtersuche

Nehmen Sie sich einen beliebigen Text in einer Zeitung oder Zeitschrift vor. Suchen Sie alle Tätigkeitswörter und streichen diese durch. Tun Sie dies so schnell wie möglich!

- **Variante 1:** Unterstreichen Sie nur die Eigenschaftswörter.
- **Variante 2:** Suchen Sie nach Namen.
- **Variante 3:** Suchen Sie nach Orten und Ländern.
- **Variante 4:** Wie oft kommt das Wort *„und“* vor?
- **Variante 5:** Denken Sie sich noch eine Variante aus!

Tipp: Diese Übung führt man am besten alleine durch. Wenn mehrere Personen zusammen üben möchten, sollten alle den gleichen Text vorliegen haben. Dann kann man um die Wette suchen und hat dadurch eine gute Kontrollmöglichkeit!

Eigene Varianten .....

Zahlensuche

Finden Sie möglichst viele Wörter, die mit einer Zahl beginnen.

***ein**sammeln*

***zwei**deutig*

***drei**fach*

◆ **Variante1:** Gesucht werden Wörter, bei denen das Zahlwort in der Mitte steckt.

*Ver**ein**igung*

*ver**zwei**feln*

*be**acht**en*

...

Eigene Varianten .....

Vokaldieb

Jeder in der Spielrunde schreibt ein zusammengesetztes Wort auf ein Blatt und knickt es dann nach hinten weg.

A U T O B A H N

Nun schreibt er das gleiche Wort nochmal neu auf den Zettel und läßt dabei alle Vokale (Selbstlaute) weg.

- - T - B - H N

Jetzt wird das Blatt jeweils zum linken Mitspieler weitergegeben. Dieser muss das Wort erraten und die Lücken ausfüllen.

Eigene Varianten .....

Paare bilden

Jeder Mitspieler schreibt ein Wort auf, das ein Teil von einem Wortpaar sein kann und reicht den Zettel nach links an den nächsten Mitspieler weiter. Dieser muss nun das entsprechende Paarwort danebenschreiben!

ROMEO -

ROMEO - JULIA

WASSER -

WASSER - FISCH

Hier sind Phantasie und Kreativität von Nutzen!

Eigene Varianten .....

Schau genau

Auf einem Tablett liegen unter einem Tuch mehrere verschiedene Gegenstände. Das Tuch wird für 10 Sekunden weggenommen. Alle schauen sich die Dinge genau an. Dann wird alles wieder mit dem Tuch zugedeckt.
Jeder Spieler schreibt nun alle Gegenstände auf, an die er sich noch erinnern kann.

- **Variante:** Die Mitspieler drehen sich um oder schließen die Augen. Ein neuer Gegenstand wird dazugelegt! Welcher ist es?

Tipp:

Es ist günstig, zunächst nicht mit zu vielen Gegenständen anzufangen. Man kann die Anzahl ja nach und nach steigern.

Eigene Varianten .....

Diebische Elster

Viele Gegenstände werden in die Mitte des Tisches ausgelegt. Die Mitspieler prägen sich die verschiedenen Dinge gut ein.
Dann müssen Sie die Augen schließen oder sich umdrehen. Der Spielleiter nimmt inzwischen einen Gegenstand weg und verändert die Position der anderen Gegenstände.

Nun soll man feststellen:

Welcher

Gegenstand

wurde „gestohlen"?

Eigene Varianten .....

Assoziationen

Zu einem vorgegebenen Wort wie

FENSTER

sollen möglichst viele Assoziationen gefunden werden. Man muss also Wörter nennen oder aufschreiben, die in irgendeiner Form zu dem vorgegebenen Wort passen.

Beim Beispiel *„Fenster“* wäre dies

➡ ***Glas***

➡ ***schmutzig***

➡ ***rund***

➡ ***zerbrechlich***

- **Variante 1:** Man spielt zu mehreren. Jeder muss der Reihe nach ein Wort nennen.

- **Variante 2:** Es wird eine bestimmte Zeit vorgegeben, in der man die Wörter aufschreiben darf. Anschließend werden die Wörter vorlesen. Alle gleichen Wörter müssen weggestrichen werden. Wer zuletzt am meisten Wörter hat ist Sieger.

Eigene Varianten .....

Lustiges Kopfrechnen

Einer stellt eine Rechenaufgabe und wirft dabei einem Mitspieler einen Softball (Tuch) zu. Der muss dann die Antwort geben. Vorher wird aber eine Zahl vereinbart, die auf keinen Fall genannt werden darf.

Anstelle dieser Zahl muss man ***GeJo*** sagen.

„Die verbotene Zahl ist 3“

1. Spieler:	7 + 3	Antwort ➡	10
2. Spieler:	5 x 6	Antwort ➡	**GeJo**
3. Spieler:	3 x 8	Antwort ➡	24
4. Spieler:	3 x11	Antwort ➡	**GeJo**

Wer einen Fehler macht, wird neuer Spielleiter.

Eigene Varianten .....

Wortsalat

Mit geschlossenen Augen werden in einer Zeitung einige Wörter angestrichen, wie zum Beispiel:

Chefarzt, führen, Katze

Aus diesen Wörtern muss nun jeder Mitspieler einen lustigen Satz bilden wie:

Der Chefarzt führt

am Wochenende

seine Katze aus.

Eigene Varianten .....

Dichtertreffen

Zu einem vorgegebenen Wort sollen möglichst viele Reimwörter gefunden werden.

HAUS

MAUS

LAUS

RAUS

◆ **Variante:** Der erste Spieler nennt einen kurzen Satz. Der nächste formuliert eine weitere Zeile, die sich auf den ersten Satz reimen muss.

Eigene Varianten .....

Wörter mit gleichem Buchstaben

Zunächst wird in der Runde ein Buchstabe vereinbart.

Buchstabe T

Nun versucht jeder Mitspieler, einen möglichst langen Satz zu bilden, dessen Hauptwörter mit dem vereinbarten Buchstaben beginnen.

*Während des **T**iefs*
*fiel **T**ante **T**rude in*
*eine große **T**raurigkeit.*

◆ **Variante:** Jedes Wort des neuen Satzes muss mit dem vereinbarten Buchstaben beginnen!

*Täglich **t**anzen*
***t**ausend*
***t**emperamentvolle*
*Tänzer **T**ango.*

Eigene Varianten .....

Verbotene Zahlen

Man einigt sich auf eine Zahl, die nicht genannt werden darf, z.B. die

3

Nun beginnt einer mit der 1. Die anderen Mitspieler müssen reihum die Zahlenreihe fortsetzen. Aber Vorsicht ist geboten! Alle Zahlen, die sich durch 3 teilen lassen oder in denen eine 3 vorkommt, dürfen nämlich nicht genannt werden. Statt dessen muss man *GeJo* sagen.

1 ➔ 2 ➔ GeJo ➔ 4 ➔ 5

➔ GeJo ➔ 7 ➔ 8 ➔ GeJo ➔

10 ➔ 11 ➔ GeJo ➔ GeJo ➔ *usw.*

◆ **Varianten:** Andere Teiler finden (4, 5 usw.)
Jede Zahl kann genommen werden.

Eigene Varianten .....

Wortversteck

Man stellt sich folgendes Wort vor.

Harlekin

Nun soll man möglichst viele neue Wörter aus den einzelnen Buchstaben dieses Wortes bilden! Für jedes neue Wort darf man die vorgegebenen Buchstaben aber nur einmal verwenden.

Knie
Karl
klein
klar
nie
......

Geben Sie nicht zu schnell auf. Es lassen sich oft mehr Wörter finden, als man zunächst glaubt.

- **Variante 1:** Man spielt zu mehreren. Jeder muss der Reihe nach ein Wort nennen.
- **Variante 2:** Es wird eine bestimmte Zeit vorgegeben, in der man die Wörter aufschreiben darf. Anschließend die Wörter vorlesen. Alle gleichen Wörter müssen weggestrichen werden. Wer zuletzt noch am meisten Wörter hat ist Sieger.

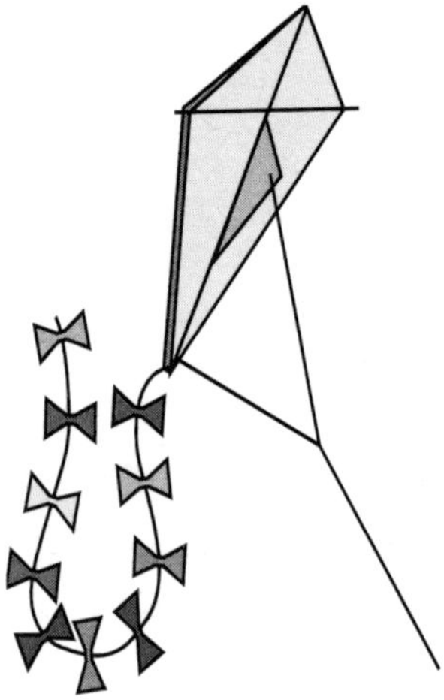

Eigene Varianten .....

Teekessel raten

Zwei Spieler einigen sich auf einen „Teekessel". Das ist ein Wort , das zweierlei Bedeutung hat, wie zum Beispiel

Drachen

Der erste Spieler meint damit den Drachen als Fabeltier, für den zweiten ist es der Drachen, den die Kinder im Herbst steigen lassen. Die beiden Spieler umschreiben nun abwechselnd ihren Begriff.

1. Spieler: *Mein „Teekessel" kann Feuer speien*

2. Spieler: *Mein „Teekessel" kann fliegen*

1. Spieler: *Mein „Teekessel" ist gefährlich*

usw.....

Das Spiel wird solange fortgesetzt, bis die übrigen Mitspieler den „Teekessel" erraten haben. Dann denken zwei andere sich einen neuen „Teekessel" aus.

Eigene Varianten .....

Personen fahnden

Jeder Spieler schreibt auf einen Zettel einen Begriff, mit dem er sich selber charakterisiert. Die Zettel werden umgedreht in die Mitte des Tisches gelegt und gemischt. Nacheinander darf sich jeder Mitspieler einen Zettel nehmen und einer Person zuordnen. Er muss diese Zuordnung dann begründen. Hat er den Zettel nicht der richtigen Person zugeordnet, versucht es der nächste Spieler.

fröhlich

der Begriff passt zu Heike, weil ......

- **Variante 1:** Es dürfen nur Hauptwörter verwendet werden.
- **Variante 2:** Das Lieblingstier wird aufgeschrieben.
- **Variante 3:** Man schreibt die Lieblingsspeise auf.

Eigene Varianten .....

Bildwörter

Der Spielleiter nennt einen Begriff, den die Mitspieler möglichst auf eine Art aufschreiben sollen, dass dieser Begriff auch zugleich durch die Schreibweise deutlich gemacht wird. Zum Beispiel:

KLEINER → **KLEINER**

LOCH → **L O C H**

SCHNELL → ***SCHNELL***

BERGE → **B E R G E**

◆ **Weitere mögliche Begriffe:**

.... krumm, schief, gezackt, gestrichelt, fett, dünn, Bogen, Kreis, Viereck, Dreieck, hoch, tief, dünn, dick .....

Eigene Varianten .....

Kunstmaler

Der Spielleiter nennt einen Begriff, der zeichnerisch so dargestellt werden soll, dass die Mitspieler das Wort erkennen und erraten können.

Entenschnabel

◆ **Variante:** Der Spielleiter gibt jeweils nur einem Mitspieler einen Zettel mit einem Begriff, den dieser zeichen soll. Alle anderen Mitspieler müssen dann den Begriff erraten.

Eigene Varianten .....

Figuren merken

Der Spielleiter legt verdeckt eine Figur (oder ein Muster) aus Streichhölzern. Die Figur sollte jedoch nicht zu leicht sein Die Mitspieler dürfen sich diese Figur kurze Zeit anschauen. Dann wird sie wieder abgedeckt. Die Mitspieler müssen nun diese Figur nachlegen.

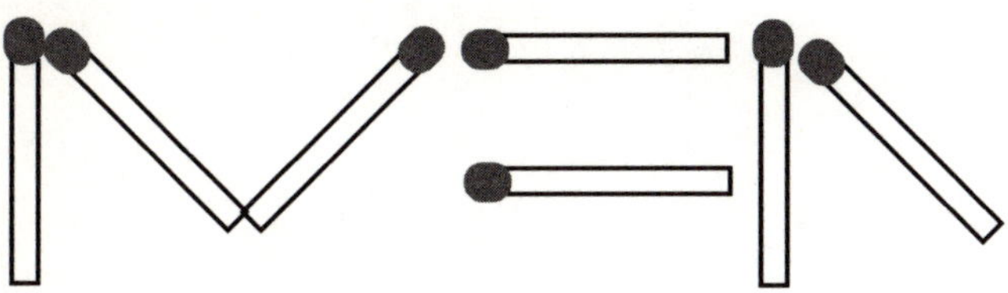

- **Variante 1:** Die Figur wird mit einem Faden gelegt.
- **Variante 2:** Die Figur wird mit verschiedenen Gegenständen wie beispielsweise Bauklötzchen gelegt.
- **Variante 3:** Die Figur wird aus einem Blatt gefaltet.

weitere gute Spiel-Ideen.......

Falls Sie ein besonders interessantes oder empfehlens-wertes Spiel zum Gehirntraining kennen, schreiben Sie an die

Gesellschaft für Gehirntraining e.V. , 85555 Ebersberg

Die besten Vorschläge werden in der Zeitschrift *GEISTIG FIT* veröfffentlicht.

weitere gute Spiel-Ideen.....

weitere gute Spiel-Ideen.....

weitere gute Spiel-Ideen.....

weitere gute Spiel-Ideen.....

weitere gute Spiel-Ideen.....

weitere gute Spiel-Ideen.....

FITMACHER FÜR DIE GRAUEN ZELLEN

Mit den richtigen Übungen kommen Ihre grauen Zellen erstaunlich schnell in Schwung. Gedächtnis, Konzentrationsfähigkeit und Denkvermögen werden gesteigert. Täglich 10 Minuten Training bringen schon optimale Wirkung.
Besonders geeignete Trainingsmethoden und Übungsaufgaben bringt die Gesellschaft für Gehirntraining e.V. in der Mitgliederzeitschrift ***GEISTIG FIT.***

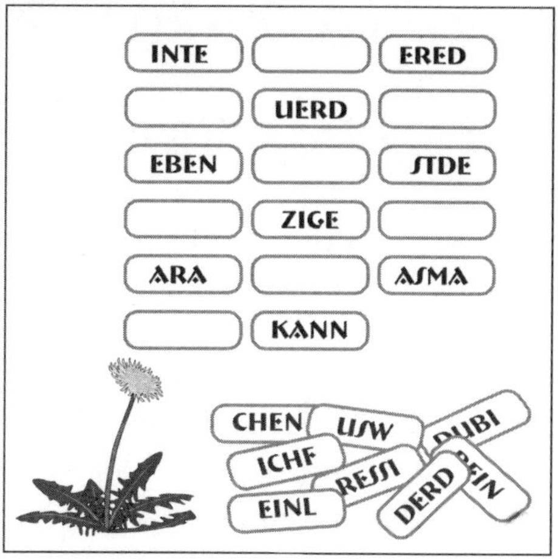

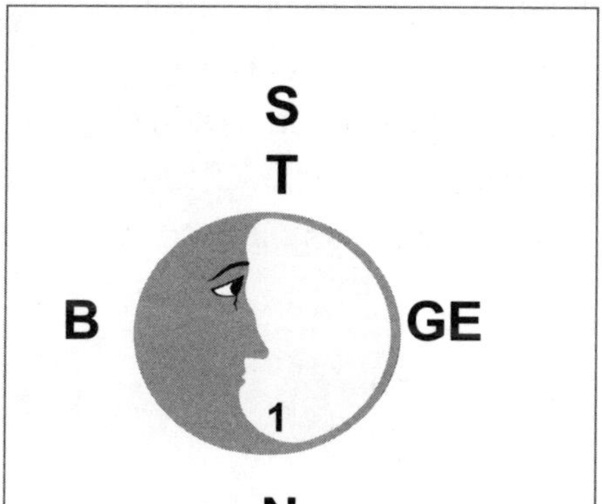

Von Medizinern und Psychologen entwickelt und von den Mitgliedern der GfG zum Teil schon seit Jahren erprobt. Nicht nur die Mitglieder der GfG e.V. und Leser der Zeitschrift ***GEISTIG FIT*** sollen in den Genuss solcher Trainingsmöglichkeiten kommen. Deshalb werden alle Aufgaben aus den 6 Heften eines Jahrganges jeweils nochmal zu einer Aufgabensammlung zusammengefasst: 120 Seiten DINA4 mit Trainingsaufgaben fürs Gehirn!

GEISTIG FIT Aufgabensammlung '99

VLESS Verlag, Ebersberg, 2000, ISBN: 3-88562-088-x,
DINA4, 120 Seiten, DM 24.-

erhältlich im Buchhandel oder über die GehirnJogger-Zentrale
Postfach 1147 • 85552 Ebersberg • Tel: 08092-864920 • Fax: 08092-864949

PAREGO

Gehirnjogging mit dem PAREGO®-System

A B C D E F G K L

Eine Vielfalt unterschiedlichster Aufgaben bietet dieses neuartige Trainingsprogramm. Eine abwechslungsreiche Mischung von Übungen die Ihren Kopf so richtig in Schwung bringen.

Und der besondere Clou: Das PAREGO®-System ermöglicht eine rasche und zuverlässige Erfolgskontrolle. Ein kurzer Blick auf das Lösungsmuster und Sie wissen sofort, ob Sie die richtigen Lösungen gefunden haben oder ob Sie sich die Aufgabe nochmal vornehmen müssen. So macht Gehirnjogging noch mehr Spaß.

Lösungsmuster

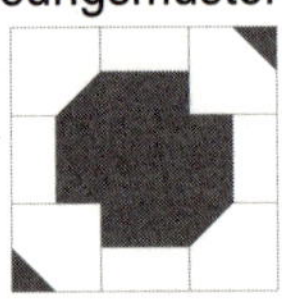

PAREGO® - Übungsheft 1

VLESS Verlag, Ebersberg, 2000, ISBN: 3-88562-092-8, DM 24.80

erhältlich im Buchhandel oder über die GehirnJogger-Zentrale
Postfach 1147 • 85552 Ebersberg • Tel: 08092-864920 • Fax: 08092-864949